Promenades à Blois

et aux environs

LOIR & CHER

BLOIS
R. MARCHAND, Éditeur
Rue Haute, 2

PROMENADES

A BLOIS & AUX ENVIRONS

PROMENADES

A BLOIS

ET AUX ENVIRONS

BLOIS

IMPRIMERIE R. MARCHAND, RUE HAUTE, 2

1883

Il a été tiré en outre des exemplaires ordinaires :

   20 exemplaires sur Whatman
   20   id.   sur Hollande
   10   id.   sur Japon

     tous numérotés.

Ce petit livre a pour objet de renseigner, de guider les touristes dans leurs promenades à Blois et aux Environs. C'est un cicerone *discret, sans prétentions, qui répond de son mieux quand on l'interroge, qui sait aussi n'être pas trop bavard. Il évite de faire parade d'érudition, et, en présence d'un monument, il se borne aux réflexions indispensables, laissant le visiteur contempler, juger, admirer par lui-même.*

D'ailleurs, le Guide *érudit et disert existe : c'est celui de M. de la Saussaye; nous ne saurions trop lui rendre hommage et y renvoyer le lecteur désireux d'étudier dans ses détails l'histoire de notre belle région.*

Fernand BOURNON.

Août 1883.

HISTOIRE

ET

DESCRIPTION GÉNÉRALE

A région dont Blois est le centre et la ville principale, est, sans contredit, l'une des plus heureusement situées de notre pays. Un grand fleuve et de jolies rivières la traversent, elle appartient à la fois à la Beauce et à la Touraine, le grenier et le jardin de la France, comme le veulent de vieux dictons, et si son aspect général est un peu monotone, elle offre en compensation aux touristes de belles forêts, de char-

mantes vallées, et par dessus tout, une incomparable variété de monuments de tous les âges.

La première mention historique de Blois se trouve dans Grégoire de Tours ; mais il n'est pas douteux qu'il faille faire remonter son antiquité bien au-delà du vi⁰ siècle. Son nom même atteste une origine gauloise : *Bleiz* signifiait loup dans la langue des Celtes et a encore le même sens dans le dialecte breton qui l'a perpétuée ; c'est là une étymologie d'autant plus vraisemblable que les rives de la Loire étaient couvertes de forêts, et que le premier blason de la ville, au xiii⁰ siècle, avait un loup pour emblême. Nous savons en outre que la fameuse assemblée annuelle des Gaulois se tenait en Sologne, à quelques lieues de Blois, qu'une voie romaine allant de Chartres à Bourges traversait la Loire à peu près à l'emplacement du pont actuel ; enfin, des dolmens, des monuments gallo-romains de tout genre constamment retrouvés par les archéologues et les numismates, ne laissent aucun doute sur l'existence de peuplades habitant notre région bien avant l'arrivée de César.

Les invasions normandes qui, au ix⁰ siècle, ruinèrent la moitié de la Gaule, n'épargnèrent pas Blois, la plupart de ses maisons furent brûlées en 854. Le pays était alors possédé par cette puissante famille des comtes de Paris qui devinrent rois de France avec Hugues-Capet; il ne passa cependant pas dans le domaine royal en 987; dès le commencement du x⁰ siècle, il appartenait à Thibaut, surnommé le Tricheur, qui, probablement s'en était emparé par violence. A dater de cette époque, Blois devint le chef-lieu d'un comté qui s'incorpore dans le système féodal entre les mains des comtes de Champagne, d'abord, de la maison de Châtillon, ensuite.

Avec la guerre de Cent-Ans reviennent les pillages et la dévastation; l'armée du roi Jean le Bon traverse Blois, en septembre 1356, pendant que le prince Noir ravage la Sologne et détruit le château de Romorantin. On sait la funeste issue de la rencontre des deux armées à

Poitiers ; après la déroute des troupes françaises, les Anglais s'établissent dans le Blésois qu'ils occupent jusqu'à l'année 1360.

En 1429, l'invasion étrangère est de nouveau sur les rives de la Loire et aux portes de Blois ; la délivrance arrive avec Jeanne d'Arc qui, avant d'aller sauver Orléans, traverse notre ville et y fait bénir son étendard.

Cependant le comté a changé de possesseur ; en 1391, Guy de Châtillon l'a vendu au fils de Charles V, Louis, duc d'Orléans, dont le petit-fils sera Louis XII ; cette acquisition qui le fait rentrer dans le domaine de la couronne lui vaudra, un siècle après, ses chefs-d'œuvre d'architecture de Blois et de Chambord.

Au XVIe siècle, Blois atteint la période la plus brillante de son histoire ; les derniers Valois ont presque délaissé Paris pour venir l'habiter ; par deux fois, elle reçoit dans ses murs les délégués de la France aux Etats-Généraux ; malheureusement, les guerres protestantes ruinent une fois de plus ses monuments religieux, et le sang des Guise souille les murs de son château.

Les Bourbons préfèrent à Blois d'autres résidences, mais la ville aura encore un moment d'éclat, grâce à son dernier comte, ce Gaston d'Orléans qui groupe autour de lui des savants, des artistes, à une époque où son neveu Louis XIV ne songe encore à s'entourer que de courtisans.

La Révolution est accueillie avec enthousiasme, mais ce qu'on a appelé le vandalisme révolutionnaire est à peu près épargné à notre pays, grâce à la présence du célèbre abbé Grégoire à l'évêché de Blois. L'insurrection vendéenne menace un moment d'atteindre la ville; elle a déjà pénétré dans le nord du département de Loir-et-Cher, lorsqu'elle est écrasée définitivement à la bataille du Mans.

En 1870, nouvelle occupation étrangère qui, heureusement encore, se borne à imposer aux habitants la dure obligation d'héberger les soldats ennemis pendant plusieurs mois.

Telle est, à traits rapides, l'histoire de Blois et de la région. De l'histoire municipale, les détails seuls seraient intéressants, et l'on ne peut les aborder ici. Sans avoir pris part au grand mouvement d'émancipation des communes au xii⁰ siècle, Blois reçut de ses comtes, dès 1196, plusieurs chartes de privilèges et son organisation communale, l'administration de quatre élus ou échevins qu'elle a conservée pendant tout le moyen-âge.

C'est de Louis XIV seulement que date la vénalité des charges, sans cesse vendues, puis reprises aux villes pour leur être vendues de nouveau.

Jusqu'aux abords de la Révolution, la ville était entourée de murailles; il n'en reste plus trace maintenant, mais le souvenir d'une enceinte fortifiée s'est perpétué dans quelques noms de rues (Porte-Côté, Porte Chartraine, etc.)

Ses armoiries, on l'a vu plus haut, représentaient primitivement un loup; en 1391, Louis d'Orléans permit aux habitants d'y ajouter le porc-épic et la fleur de lys ; le blason de la ville fut dès lors constitué tel qu'il est encore aujourd'hui :

d'argent à un écusson d'azur chargé d'une fleur de lys d'or en champ, accosté à dextre d'un porc-épic, et à sénestre d'un loup de sable.

Située le long de la rive droite de la Loire, et s'étageant sur le coteau très rapproché du fleuve à cet endroit, Blois se divise naturellement en ville haute et en ville basse ; cette dernière, qui est la plus commerçante et la plus animée, contient aussi la plupart des monuments à visiter ; deux rues très importantes la traversent, la rue du Commerce, et surtout la rue Denis-Papin qui, dans un avenir prochain, va être prolongée jusqu'au pied du château, en absorbant la rue Porte-Côté pour se relier à l'avenue de la Gare.

La ville haute est d'un accès difficile aux voitures et pénible aux piétons ; mais ce qui est une incommodité pour les habitants est un charme de plus pour les voyageurs, toujours à l'affût du pittoresque; ils gravissent volontiers

> Cet escalier de rues
> Que n'inonde jamais la Loire, au temps des crues,

comme a dit notre grand poète, — et en sont bien récompensés, d'ailleurs, par l'admirable panorama de la vallée de la Loire.

Presque tous les édifices publics se trouvent dans cette partie de la ville : la Préfecture, le Palais de Justice, les Halles, la Caserne, l'Ecole Normale, l'Asile d'Aliénés, l'Evêché, le Grand Séminaire.

Le faubourg de Vienne, sur la rive gauche de la Loire, est aussi ancien que la ville même, et pourrait, par son importance, former une commune indépendante.

Voici enfin quelques renseignements statistiques qui peuvent avoir leur intérêt : la population de la ville est de 21,077 habitants ; le département de Loir-et-Cher dont Blois est le chef-lieu, ressortit pour l'organisation judiciaire à la Cour d'Appel d'Orléans ; pour l'instruction publique à l'Académie de Paris ; au point de vue militaire, au 5e corps d'armée.

Cinq lignes de chemins de fer le traversent : ce sont celles de Paris à Tours, par Orléans et Blois; de Paris à Tours, par Vendôme; de Paris à Toulouse; de Tours à Vierzon avec embranchement sur Romorantin, qui appartiennent au réseau d'Orléans ; la ligne de Blois à Vendôme et Pont-de-Braye, qui fait partie du réseau de l'Etat. Une dernière ligne, de Blois à Romorantin, qui doit être la continuation de la précédente, sera mise en exploitation dans le courant de l'année 1883.

Prochainement aussi sera livrée la ligne de Brou à Bessé qui dessert la partie septentrionale du département. Enfin d'autres voies ferrées sont à l'étude, qui relieront aux chefs-lieux d'arrondissement les cantons les moins bien partagés : de Tours à Savigny, de Blois à Saint-Aignan et à Montrichard, à Marchenoir et à Ouzouer-le-Marché, etc.

Le département comptait au dernier recensement de 1881 : 275,713 habitants ; il est divisé en 297 communes réparties en 24 cantons et 3 arrondissements. Sa représentation politique comporte deux sénateurs et quatre députés, l'arrondissement de Blois formant deux circonscriptions.

LES MONUMENTS

LE CHATEAU

E château doit avoir la première visite du touriste; outre que c'est un des plus beaux monuments de France, c'est aussi l'un des plus intéressants et curieux à visiter, curieux par les souvenirs historiques dont il est si riche, intéressant parce qu'il résume, en quelque sorte, les manifestations de l'architecture à toutes les époques, la force massive du moyen-âge, les grâces de la Renaissance, l'imposante sévérité du xviie siècle et l'habileté de restauration dont notre époque a fait un art.

Dès l'époque mérovingienne, une forteresse s'élevait sur le plateau qui domine la Loire et la ville; quel était son aspect? quels événements elle vit s'accomplir, on l'ignore à peu près absolument. Si elle ne fut pas détruite par les Normands vers 850, il est certain qu'elle devait tomber en ruines à l'époque féodale, et nous avons la preuve qu'aux environs de l'an mil les comtes de Blois entreprirent sa reconstruction.

Quelques documents, trop rares encore, permettent de jalonner les progrès de cette reconstruction qui devait être complètement terminée au XIIIe siècle. C'était alors un château-fort semblable à tous ceux qu'a bâtis le moyen-âge, à Pierrefonds, à Coucy, et tant d'autres; si l'on en croit Froissart, il était « bel, grand, fort et plantureux et des beaux du royaume de France ». Pour s'en donner une idée, il faut se représenter une forteresse en forme de quadrilatère, flanquée symétriquement de tours rondes, avec une tour probablement carrée, dominant toutes les autres, et qui était le donjon.

Tout récemment, on s'est efforcé de démontrer que ce donjon couvrait tout l'espace où Mansard a construit le palais de Gaston d'Orléans; c'est par là qu'était alors l'entrée du château et non du côté de la ville, comme aujourd'hui. Il fallait, pour pénétrer dans la place, franchir un pont dormant et un pont-levis jetés sur les fossés qui ont gardé leur nom de Fossés du Château, et passer à l'ombre ou sous les projectiles de ce redoutable donjon.

Du château féodal, deux tours sont encore debout; l'une à l'angle sud-ouest est celle où Catherine de Médicis installa son observatoire astronomique, et d'où l'on a une si jolie vue sur la vallée de la Loire; l'autre lui fait vis-à-vis au nord-ouest, c'est la tour dite des Oubliettes, et nous la retrouverons tout à l'heure.

Mais ce qui nous est resté de plus considérable de la demeure des comtes de Blois est cette grande salle, la salle féodale où ils tenaient leurs assises et réunissaient leurs vassaux, celle que Louis XII et François Iᵉʳ encadrèrent dans leurs constructions et qui, depuis 1576, s'est appelée la salle des Etats. Les murs seuls, il est vrai, et les colonnes ogivales qui la partagent en deux vaisseaux, comme une église, sont du XIIIe siècle; la décoration, le gracieux escalier du fond appartiennent à Duban, l'éminent architecte qui a restauré le château, mais elle n'y a rien perdu de son caractère, de son parfum, pour ainsi dire, du moyen-âge.

Le *cicerone* explique fort bien, grâce à M. de la Saussaye, la physionomie de la salle pendant les Etats de 1576 et de 1588; il aborde même l'histoire contemporaine et entretient le visiteur des assises de la Haute-Cour en 1870; il devrait aussi lui parler de ces *Gelosi* « que le Roy avait fait venir de Venise exprès pour se donner du passetemps », et qui, au commencement de l'année 1577, transformèrent en théâtre l'austère salle des Etats. C'est au curieux livre de M. Baschet sur les *Comédiens italiens à la Cour de France* que j'emprunte ces renseignements :

« Avant-hier est arrivée à la Cour la
« compagnie des comédiens *Gelosi*. On
« les attendait et désirait vivement ;
« aussi ont-ils été reçus fort joyeuse-
« ment. On les a logés aussitôt et bien
« traités. Le soir même, ils ont joué une
« de leurs comédies devant Sa Majesté,
« dans la salle où se sont tenus les Etats.
« Il y avait la plus grande foule. Ils ont
« fort diverti le Roi et toute la Cour. »

Une riche tapisserie à personnages, rehaussée de fils d'or décorait la salle, et l'Estoile nous apprend que le roi permit à tout le monde de venir voir jouer les *Gelosi*, — en payant un demi-teston.

Telle était au xiiie siècle la forteresse féodale, telle les deux siècles suivants durent la laisser. Elle convenait mieux ainsi à la sombre douleur que Valentine de Milan vint y enfermer après l'assassinat de son mari, et ses murailles, si sombres déjà, furent, à ce que dit Brantôme, couvertes de noires tentures sur lesquelles se lisait la devise célèbre : *Riens ne m'est plus ; plus ne m'est riens*.

Charles d'Orléans s'accommoda, lui

aussi, du vieux château; c'est là, qu'au retour de sa longue captivité en Angleterre, il écrivait ces charmants rondeaux qui font pressentir la Renaissance, et dont l'un, au moins, est dans toutes les mémoires :

> Le temps a laissié son manteau
> De vent, de froydure et de pluye...

A peine si l'on peut lui attribuer de façon certaine la restauration de quelque galerie ou de quelque tour, plus prompte à s'écrouler que les autres.

De ces hautes tours, de ces épaisses murailles, que nous serait-il resté aujourd'hui? Probablement un monceau de ruines, si le hasard n'y avait fait naître Louis XII. Aussi le 27 juin 1462 est-il un jour à marquer dans les fastes de la ville; c'est bien de lui que datent ces merveilleuses constructions; un siècle n'a pas suffi à les terminer et l'on ne s'en étonne pas, tant elles sont habilement et amoureusement travaillées, même si l'on sait les vraies causes des interruptions et des retards.

Les bâtiments construits par Louis XII forment l'aile orientale du château, et contiennent l'entrée principale; le plus ordinairement, toutefois, et par suite de la disposition des lieux, le visiteur ne les voit qu'après avoir admiré déjà la façade de François Ier, mais il s'en faut qu'il ait une déception. Cette juxtaposition en losanges de briques de couleurs différentes qu'encadre la pierre blanche, ces grandes fenêtres avec leurs croisées de pierre, ces jolies lucarnes du haut si finement sculptées, tout est du plus charmant effet, et fait songer à cette autre merveille du même temps et du même style, qui est le Palais de Justice de Rouen. La porte est surmontée d'une statue équestre de Louis XII; ce n'est plus celle du XVe siècle qui devait être déjà bien dégradée quand la Révolution l'a jetée bas, mais le sculpteur contemporain, M. Seurre a tenu à reproduire l'original qui nous était conservé par des dessins du cabinet des Estampes.

La façade sur la cour n'est pas moins intéressante avec ses deux pavillons carrés qui la terminent et les colonnes de sa galerie, alternées de forme et de décoration. A l'intérieur, on visite trois grandes salles au rez-de-chaussée, dont les cheminées ont été restaurées par Duban avec autant de soin que de luxe.

L'A et l'L du roi et de la reine s'y répètent au milieu de leurs armoiries, du porc-épic que Louis d'Orléans avait pris pour emblême de la défense, *cominus et eminus*, de près et de loin, de l'hermine d'Anne de Bretagne, et des trois fleurs de lys d'or sur champ d'azur, qui sont les armes de France.

En retour d'équerre du côté de la Loire avec l'aile de Louis XII est la chapelle de Saint-Calais. Les reliques auxquelles elle doit son nom avaient été apportées au château pendant les incursions normandes du IXe siècle; elles y restèrent jusqu'à la Révolution, et nombre de fidèles venaient les y vénérer; mais en 1792, la municipalité de Saint-Calais les réclama pour son église, et l'évêque Grégoire ne fit pas difficulté de les lui restituer. Ce n'a pas été chose facile à Duban de restaurer la jolie nef que la piété de

Louis XII avait fait élever ; le cloître qui la précédait avait disparu dès l'époque de Gaston, et les troupes qui ont occupé le château pendant toute la première moitié de notre siècle, avaient là leurs ateliers de cordonniers et de tailleurs ; la voûte seule fut respectée et nous est parvenue intacte.

Quand Louis XII mourut en 1515, les bâtiments qui portent son nom étaient terminés depuis un an au moins ; c'est dans cette partie du château qu'Anne de Bretagne était morte le 9 janvier 1514, « au corps de maison neuf, sur le devant du dict chasteau de Blois », comme on le voit dans le récit de ses funérailles. Dès son avènement, François Ier fit continuer les travaux, mais il suffit d'un coup d'œil pour voir que le goût a changé, que l'architecte n'est plus le même.

Quel a donc été cet architecte, quels ont-ils été, plutôt, puisque nous en distinguons deux ? La question se pose ici tout naturellement et ce n'est pas là simple affaire de curiosité et d'érudition : il s'agit de savoir si le château de Blois appartient à notre architecture nationale ou si c'est l'œuvre de l'art italien ; malheureusement, le problème n'a pas encore reçu sa solution ; ces merveilleux artistes de la Renaissance, qui se qualifiaient modestement de *maistres maçons*, ne signaient pas leurs chefs-d'œuvre, même de leurs initiales, et les documents qu'on a fouillés sont restés muets. Les conjectures du moins sont permises, et, pour ma part, je croirais volontiers que l'aile de Louis XII, au moins, est toute entière l'œuvre du génie français ; il suffit de se rappeler d'autres monuments du même temps pour lesquels le doute soit moins possible encore : le Palais de Justice de Rouen que je citais tout à l'heure, l'Hôtel de Cluny, l'Hôtel de Ville de Rouen, et en même temps de la comparer à cette aile même de François Ier dont l'aspect est si différent et dont le caractère a je ne sais quoi d'exotique qui frappe tout d'abord.

On ne sait, d'ailleurs, quand on admire cette dernière, ce qu'il faut le plus et le plus longtemps admirer. La façade sur le square est bien jolie, mais sa *rivale* du côté de la cour a l'escalier, ce merveilleux escalier qui à lui seul pourrait suffire à la gloire du château.

D'autres splendeurs vous attendent à l'intérieur du bâtiment; il y a dans ces salles que vous allez maintenant parcourir un luxe de décoration qui éblouit d'autant mieux qu'il est savamment gradué, les salles des gardes d'abord un peu sombres et sobres de décoration, puis les galeries, les chambres à coucher, les oratoires étincelant de plus en plus d'ornements et de dorures. Il y a peut-être même là, à mesure qu'on les voit se succéder, un excès quelque peu blâmable; au xvie siècle, toutes ces murailles étaient nues; quand la Cour devait venir, on les recouvrait de riches tapisseries, et, sitôt le roi parti, elles reprenaient leur place dans la poussière des greniers ou allaient décorer d'autres châteaux. Duban a pu faire preuve d'un goût parfait, mais, en même temps, il a commis un léger contresens historique; ou bien, si sa restauration n'était pas une reproduction, une restitution du passé, il devait la compléter par un ameublement à l'avenant du reste.

Il serait impossible de décrire dans tous ses détails l'aile de François Ier, et cette description, si on la tentait, serait encore inutile, car elle ne peut dispenser d'une visite. Suivez donc le guide et partagez son admiration, tout en faisant le plus grand cas des commentaires dont il la renforce : ici, la galerie de la reine, la chambre où elle mourut... là, son oratoire dont la voûte en cul de four est monolithe... la fenêtre par laquelle s'évada Marie de Médicis, mère de Louis XIII. Et à l'étage supérieur, les appartements du roi... sa chambre à coucher... la place du lit et l'endroit où est venu expirer le duc de Guise !...

C'est alors que, d'une voix émue, il retrace les péripéties de cet assassinat qui est le drame le plus hardi et, peut-être, le plus pathétique de notre histoire. On en sait les causes : chef de la Ligue et allié de l'Espagne, Henri de Guise était devenu pour le roi plus qu'un ennemi, c'était un rival menaçant à la fois sa couronne et sa vie ; à cette lutte, l'un des deux devait succomber frappé par l'autre; Henri III a frappé le premier; mais le lendemain, peut-être, c'était lui la victime; le coup était résolu, et le poignard, qui le tua huit mois après, était prêt depuis longtemps.

Je ne puis mieux faire, pour retracer la scène sanglante dont le château de Blois a été le théâtre, que de l'emprunter à un contemporain, au médecin Miron; l'authenticité de sa relation hors de doute et le langage du xvie siècle en fait revivre mieux encore tous les détails. Le récit commence à la nuit du 22 au 23 décembre 1588, qui précéda le crime :

« Et pendant ce repos, l'on dit que le duc de Guise prenoit le sien auprès d'une des plus belles dames de la Cour, dont il se retira sur les trois heures après minuit, comme, depuis son décès, je l'ay apris du sieur Le Jeune, son chirurgien, qui se trouva à son coucher avec d'autres de ses domestiques, et le vit lisan cinq billets portant advis à ce qu'il eus à penser à soy et à se donner garde des entreprises du Roy, qu'il y avoit quelque

chose à se doubter, et que le Gast, cappi-
taine aux gardes, estoit en garde ; le leur
ayant dit le subject et ces advertissemens,
ils le supplient de ne les vouloir point
mepriser. Il les mit sous le secret, et en
se couchant leur dit : « Ce ne seroit jamais fait, si je voulois m'arrester à tous
ces advis ; il n'oseroit. Dormons et vous
allez coucher. »

» Quatre heures sonnent ; du Halde
s'éveille, se lève et heurte à la chambre
de la Reyne ; damoiselle Louise des Boys,
dame de Piolant, sa première femme de
chambre demande qui c'estoit, et du
Halde dit-il : « Dites au Roy qu'il est
quatre heures. — Il dort, et la Reine
aussy. — Eveillez-le, dit du Halde, il me
l'a commandé, ou je heurteray si fort
que je les eveilleray tous deux. »

» Le Roy qui ne dormoit point, ayant
passé la nuit en telles inquiétudes que
vous pouvez imaginer, entendant parler,
demande à la damoiselle de Piolant qui
c'estoit : « Sire, dit-elle, c'est Monsieur
du Halde qui dit qu'il est quatre heures.
— Piolant, dit le Roy, çà, mes bottines,

ma robbe et mon bougeoir », se lève et laissant la Reyne en une grande perplexité, va en son cabinet où estoit desjà le sieur de Termes et du Halde auquel le Roy demande les clefz de ses petites cellules qu'il avoit faict dresser pour des Capucins; les ayant, il y monte, le sieur de Termes portant le bougeoir. Le Roy en ouvre une, enferme dedans du Halde à la clef, lequel, le nous racontant, disoit n'avoir jamais esté en pareille peine, ne sachant de quelle humeur le Roy estoit poussé.

» Le Roy descend, et de fois à aultre alloit luy mesme regarder en sa chambre si les Quarante-Cinq y estoient arrivez, et, à mesure qu'il y en trouvoit, les faisoit monter et les enfermoit en la mesme façon qu'il avoit enfermé du Halde, tant que diverses fois et en diverses cellules il les eut ainsy logez.

» Cependant les seigneurs et autres du Conseil commençoient d'arriver au cabinet où il falloit passer de costé pour y entrer, le passage estant estroit et de ligne oblicque, que le Roy avoit fait fère exprès au coing de sa chambre, et faict boucher la porte ordinaire.

» Comme ils furent entrez, et ne sachant rien de sa procédure, il met en liberté ses prisonniers en la mesme façon qu'il les avoit enfermez et le plus doucement qu'il se peut faire, les faict descendre en sa chambre, leur commandant de ne point faire de bruit, à cause de la Reyne, sa mère, qui estoit malade et logiée au-dessous...

» Lors, tous ensemble d'une voix lui promirent de le faire mourir, et l'un d'entr'eux, nommé Suriac, frappant de sa main contre la poitrine du Roy, dit en son langage gascon : « Cap de Jou, sire, jou lou vous rendi mort ! » Là dessus, Sa Majesté ayant commandé de cesser les offres de leur service et les ayant remerciés de peur d'éveiller la Reyne, sa mère : « Voyons, dit-il, qui de vous a des poignards? » Il s'en trouva huict, dont celuy de Suriac estoit d'Escosse ; ceux-cy sont ordonnez pour demeurer dans la chambre et le tuer. Le sieur de Laugnac s'y arresta avec son espée ; il en met douze de leurs compagnons dans le vieil cabinet qui a veue sur la court; ceux-ci devoient aussy estre de la partie pour le tuer à coups d'espée comme il viendroit à hausser la portière de velours pour y entrer; c'est en ce cabinet où le Roy le vouloit mander de venir parler à luy. Il met les autres à la montée par où l'on descend de ce cabinet à la gallerye des Cerfs, commande au sieur de Nambu, huissier de chambre, de ne laisser sortir ny entrer personne, qui que ce feust, que luy mesme ne l'eust commandé...

» Il estoit près de huict heures quand le duc de Guise fut esveillé par ses valetz de chambre luy disant que le Roy estoit près à partir; il se lève soudain et s'habille d'un habit de satin gris, part pour aller au Conseil qui lui presente la requeste pour le payement de ses compagnons, le supplie de la favoriser. Le duc luy en promet du contentement. Il en entre en la chambre du Conseil... et peu après que le duc de Guise fust assis : « J'ay froid, dit-il, le cœur me fait mal ; que l'on face du feu ; » et, s'adressant au sieur de Morfontaine, trésorier de l'espargne : « Monsieur de Morfontaine, je vous prie de dire à Monsieur de Saint-Prix, premier vallet de chambre du Roy, que je le prie de me donner des raisins de Damas ou de la conserve de roses. » Et ne s'en estant point trouvé, il luy apporte à la place des prunes de Brignoles qu'il donna au duc.

» Là-dessus, S. M. ayant sceu que le duc de Guise estoit au Conseil, commanda à Monsieur de Revol, secretaire d'Estat : « Revol, allez dire à Monsieur de Guise qu'il vienne parler à moy en mon vieux cabinet. » Le sieur de Nambu luy ayant refusé le passage, il revint avec un visage effrayé ; (c'estoit un grand personnage, mais timide). « Mon Dieu ! dit le Roy, Revol, qu'avez-vous ? Qu'y a-t-il que vous estes pasle ? Vous me gasterez tout ! Frottez vos joues, Revol ! — Il n'y a point de mal, sire, dit-il ; c'est Monsieur de Nambu qui ne m'a pas voulu ouvrir, que S. M. ne luy commande. » Le Roy le faict de la porte de son cabinet, et de le laisser rentrer et Monsieur de Guise aussy.

» Le sieur de Marcillac, maistre des requestres, rapportoit une affaire des gabelles, quand le sieur de Revol entra, qui trouva le duc mangeant des prunes de Brignoles, et luy ayant dit : « Monsieur, le Roy vous demande ; il est en son vieux cabinet, » se retire et rentre comme un esclair, et va trouver le Roy.

» Le duc de Guise met ses prunes dans son drageoir, jette le demeurant sur le tapis : « Messieurs, dit-il, qui en veult? » se lève, trousse son manteau sur le bras gauche et met ses gans et son drageoir sur la main du mesme costé : Adieu, dit-il, Messieurs. »

» Il heurte le sieur de Nambu, luy ayant ouvert la porte, sort, tire et ferme la porte après soy. Le duc entre, salue ceux qui estoient en la chambre qui seulement le saluèrent en mesme tems et le suivant comme par respect. Mais ainsy qu'il est à deux pas près de la porte du vieux cabinet, prend sa barbe avecq la main droite et tournant le corps et la face à demy pour regarder ceulx qui le suivoient, fut tout soudain saisy au bras par le sieur de Monsellier, l'aisné, qui estoit près de la cheminée, sur l'opinion qu'il eut que le duc voullust reculler pour se mettre en defiance, et tout d'un tems est par luy mesme frappé d'un coup de poignard dans le sein, disant : « Ha ! traistre, tu en mourras ! « En mesme temps, le sieur des Effranats se jette à ses jambes, et le sieur de Malines luy porte par derrière un grand coup de poignard près de la gorge dans la poitrine, et le sieur de Longnac un coup d'espée dans les reins.

» Le duc criant à tous les coups : « Hé ! mes amis ! Hé ! mes amis ! » et lorsqu'il se sentit frappé d'un coup de poignard sur le croupion par le sieur de Suriac, il s'escria fort hault : « Miséricorde ! et quoy qu'il eust son espée engagée de son manteau et les jambes saisies, il ne laissa pas pourtant, tant il estoit puissant, de les entraîner d'un bout de la chambre à l'autre jusque aux pieds du lict où il tomba...

. . . .

» Après que le Roy eust sceu que c'en

estoit fait, va à la porte du cabinet, hausse la portière et l'ayant veu estendu sur la place, rentre dedans et commande à Beaulieu, l'un de ses secrétaires d'Estat de visiter ce qu'il auroit sur luy. Il trouve autour du bras une petite clef attachée à un chaisnon d'or, et dedans la pochette des chausses, il s'y trouva une petite bourse où il y avoit douze escus d'or et un billet de papier où estoient escrits de la main du duc ces mots : « Pour entretenir la guerre en France, il fault sept cens mil livres tous les mois. »

» Un cœur de diamant fut pris, dit-on, en son doigt par le sieur d'Antragues. Cependant que le sieur de Beaulieu faisoit cette recherche et apprenant encore en ce corps quelque petit mouvement, il luy dit : « Monsieur, cependant qu'il vous reste peu de vie, demandez pardon à Dieu et au Roy. » Alors, sans pouvoir parler, jettant un grand et profond souspir comme d'une voix enrouée, il rendit l'âme, fut couvert d'un manteau gris et au-dessus mis une croix de paille. Il demeura bien deux heures durant en cette façon, puis fut livré entre les mains du sieur de Richelieu, grand prevost de France, lequel, par le commandement du Roy, fit brusler le corps par son exécuteur en cette première salle qui est en bas à la main droite entrant dans le chasteau, et à la fin jetter les cendres en la rivière. »

Ce ne fut là qu'une partie du drame ; le lendemain matin, le cardinal de Guise, frère du duc, et l'archevêque de Lyon étaient assassinés dans la tour des Oubliettes. Cette tour, qui termine à l'ouest l'aile que nous venons de parcourir, appartient à l'époque féodale ; si François Ier l'a laissée debout, c'est bien moins, comme on l'a dit, à cause des souvenirs qui s'y rattachaient que parce qu'elle contenait la prison du château et qu'il la jugeait utile à ce titre. La porte en fer et les épaisses murailles sur lesquelles le guide n'a pas besoin d'attirer votre attention, font en effet de cette chambre ronde un réduit qui n'a rien de réjouissant. La prison était-elle renforcée d'oubliettes ? On a beaucoup discuté là-dessus sans rien prouver de décisif. Remarquons toutefois qu'au xviie siècle, Félibien, le grave historiographe des bâtiments du Roi, n'hésitait pas à en admettre, et qu'il semble même y avoir vu les restes des instruments de supplice dont il parle.

C'est vers 1630 que Gaston d'Orléans, frère de Louis XIII, retiré, exilé, pour mieux dire à Blois, confia à Mansard la construction de l'aile qui porte son nom. Il se proposait, paraît-il, de démolir impitoyablement les bâtiments de Louis XII et de François Ier, et de faire du château de Blois un palais monumental dans le goût de l'époque. Les plans étaient déjà dressés et le temps seul empêcha de les réaliser.

L'œuvre de Mansard a été fort admirée par les contemporains et tout autant décriée depuis. Elle ne mérite à coup sûr « ni cet excès d'honneur, ni cette indignité ». La masse en est tout à fait imposante, surtout quand on la contemple du pied des fossés, et l'intérieur offre une très belle coupole, mais ce qu'on vient de voir rend exigeant et il faut convenir que l'expression de *caserne* dont on l'a flétrie n'est pas absolument impropre.

Le Musée de la ville est installé au château dans une partie des bâtiments de Louis XII. Quoique fondé depuis trente ans à peine, il s'y trouve déjà à l'étroit, grâce à de nombreux legs d'amateurs Blésois et aux dons de l'Etat. Notons rapidement quelques-unes des principales toiles : 10. Rosa Bonheur, *Deux Enfants gardant des Moutons*. — 17. Charles Busson, l'*Automne dans le Vendômois.*— 22. François Clouet, *Portrait de Marguerite de Bourbon*. — 29. Daubigny, la *Ferme Saint Siméon à Honfleur*. — 41. Louis Duveau, la *Peste d'Elliant*. — 50. Lucas Giordano, *Hercule et Omphale*. — 51. Van Goyen, *Paysage Hollandais*. — 68. Ingres, la *Madone aux Candélabres*. — 69. Gustave Jacquet, le *Départ des Lansquenets*. — 86. Luminais, la *Famille du Pêcheur naufragé*. — 95 et 96. Jean Mosnier, *Allégorie*, et la *Vierge au coussin vert*. — 106 Ary Scheffer, *Mort d'Eurydice*.

Comme sculptures : un buste de *Napoléon III*, par Bouvet ; de l'*Impératrice Eugénie*, par Guétrot ; de *François I*er, de *Denis Papin* et de *J.-M. Chenier*, par Halou, une **statue de Denis Papin**, de Soitou. Il faut signaler, enfin, la très curieuse collection (la plus complète qui existe) des médaillons de Nini, dont nous reparlerons à propos de Chaumont, et les faïences si artistique du directeur du Musée, M. Ulysse, qui a transporté sur la terre cuite son talent de peintre, et fait encore ainsi de véritables toiles, très haut cotées par les amateurs.

Ne quittons pas le château sans dire un mot de la place qui le précède et qui, jusqu'à la Révolution, s'appelait l'avant-cour. Là, s'élevait l'église collégiale Saint-Sauveur où fut béni l'étendard de Jeanne d'Arc ; là est encore, à l'angle gauche, la maison qu'habitait le cardinal d'Amboise et d'où il causait avec Louis XII quand le roi se mettait à la fenêtre de sa chambre a coucher.

Vis à vis la façade de François I er est l'Eglise Saint-Vincent, construite vers

1630. Son architecture générale, ses maigres contreforts, les pinacles, plus maigres encore, qui les surmontent, sa direction au nord, à la différence des autres églises dont le chœur regarde toujours l'est, accusent bien le style dit des Jésuites, et sont loin d'en faire un monument remarquable.

De la place Saint-Vincent, il faut, pour se rendre à l'église Saint-Laumer, contourner à droite les bâtiments de Gaston, et suivre ce joli chemin des Fossés du château, encaissé d'une façon si pittoresque entre deux talus verdoyants. On aperçoit en face de soi la flèche du chœur et une partie de l'abside.

Saint-Laumer vivait au vi[e] siècle, et fut, paraît-il, un grand saint. Son biographe, Dom Noël Mars nous apprend que, de son vivant, il savait convertir les voleurs, guérir les boiteux, déraciner les chênes à l'aide d'un simple signe de croix, et soustraire les biches à la poursuite des loups. Ses ossements furent pareillement la source d'une foule de miracles jusqu'à ce qu'ils eussent été apportés à Blois après mille traverses. Ils s'y fixèrent enfin, et les moines attachés à leur culte fondèrent, grâce aux libéralités des rois et des comtes de Blois, une abbaye très importante de l'ordre de Saint-Benoit.

L'église que nous avons sous les yeux est la plus ancienne et la plus belle de la région. Son architecture appartient au gothique de la seconde époque; mais le chœur et l'abside, par lesquels a été commencée la construction, offrent des parties du style roman. Le plan de l'édifice présente la particularité d'une coupole au-dessus de la croisée du transsept et d'une galerie circulaire ou *deambulatorium*, autour du chœur.

On remarque sur le troisième pilier de la nef, à droite, une inscription du XIVe siècle relatant une fondation pieuse faite par Pierre de Morvilliers.

Une des chapelles absidales du même côté est dédiée à Saint-Marcou qui avait, comme les rois de France, la vertu de guérir les humeurs froides et les écrouelles. Actuellement encore, le 1er mai, les malades viennent en foule, de vingt lieues à la ronde, chercher la guérison et déposer, en manière de remerciment, une offrande dûment tarifée.

A côté de la chapelle Saint-Marcou est le tombeau de M. de Lezay-Marnésia, préfet de Loir-et-Cher, qui par une faveur étrange, fut enterré dans l'église. Ce monument, d'une simplicité exagérée, est dû à M. de la Morandière.

Il faut enfin remarquer dans la chapelle absidale de gauche, consacrée à Saint-Laumer, des peintures murales et des vitraux restaurés d'une façon heureuse, grâce à quelques vestiges de la décoration ancienne.

La Révolution supprima l'abbaye et fit de l'église une paroisse sous le vocable de Saint-Nicolas; mais la tradition a été plus forte et lui a conservé son vrai nom historique de Saint-Laumer.

Les bâtiments monastiques devinrent l'Hotel-Dieu. Cet édifice qui ne présente rien de remarquable, est fort bien situé, au point de vue sanitaire, sur le quai de la Loire où il a une façade très développée. L'abbé Grégoire, ancien évêque de Blois, lui avait fait par testament une donation considérable, et en inscrivant, il y a un an à peine le nom du célèbre conventionnel au fronton d'un des pavillons, la ville a réparé un oubli qui était presque de l'ingratitude.

 En suivant le quai dans la direction du pont, on arrive en quelques instants au Collège Augustin Thierry. L'illustre historien du Tiers-Etat y a fait ses études, et y a même senti naître sa vocation historique en lisant le chant de guerre que Châteaubriand a mis dans la bouche des guerriers francs : « Pharamond ! Pharamond ! Nous avons combattu avec l'épée ! Nous avons lancé la francisque à deux tranchants ; la sueur tombait du front des guerriers et ruisselait le long de leurs bras. Les aigles et les oiseaux aux pieds jaunes poussaient des cris de joie ; le corbeau nageait dans le sang des morts. Tout l'Océan n'était qu'une plaie. Les vierges ont pleuré longtemps. Pharamond ! Pharamond ! Nous avons combattu avec l'épée ! »

J'emprunte ce fait à M. de la Saussaye, un autre Blésois, élève du même collège et auteur de livres excellents sur l'histoire de Blois.

La place Louis XII, derrière le collège, possède un monument des plus curieux, LA FONTAINE LOUIS XII que le peuple appelle encore de son nom d'avant la Révolution, les *Grandes Fontaines.* Elle date du xve siècle et est d'un style charmant. Dès le moyen-âge, Blois était réputé pour ses fontaines; sous Louis XII elle en comptait déjà sept, alimentées par un réservoir commun qui existe encore aujourd'hui et qui s'appelle le Gouffre (au chevet de l'église Saint-Vincent); mais aucune n'avait l'importance des Grandes Fontaines. On y mit, en 1672, une inscription poétique, qui ne nous est pas parvenue, mais que nous ne devons guère regretter s'il faut en croire ce distique d'un Blésois né malin :

Celui qui sur ces eaux fit ces rimes sans grâce,
N'avoit pas encor bu de celles du Parnasse.

Ce n'est pas impunément que la fontaine Louis XII a subi l'injure de cinq siècles ; il n'est que temps de restaurer ses statuettes, ses fleurs de lys et son écusson aux armes de la ville ; elle en est digne à tous égards et la Commission des Monuments Historiques ne l'a pas classée pour autre chose.

Je n'ai rien a dire du Théatre, situé également place Louis XII, si ce n'est qu'il a une coquette salle, contenant 800 spectateurs ; mais j'attire toute votre attention sur les maisons de bois de la rue Saint-Lubin, à droite de la façade du théâtre. Elles donnent bien l'idée du charme pittoresque qu'avaient les villes du moyen-âge, et l'enseigne : Au XVe siècle, que porte l'une d'elles, a du moins le mérite de la sincérité.

Nous venons de parcourir ainsi toute la ville basse située à l'ouest, du côté gauche de la rue Denis Papin. C'est, il faut en convenir, la plus riche en monuments intéressants, mais l'autre côté vaut bien aussi la peine d'être visité.

Voici d'abord une grande maison qui

se trouve presque au coin du quai, à l'entrée du Mail : c'est l'Hôtel de Ville, bâtiment très moderne et qu'on n'est pas forcé d'admirer. Il a été construit sur l'emplacement de l'ancienne *Maison de Ville* où nos échevins se réunissaient depuis 1460.

Les bibliophiles entreront et monteront à la Bibliothèque. Ils n'y trouveront pas une installation des plus confortables, des plus spacieuses surtout, (il y a pléthore et on se propose d'installer la bibliothèque au château), mais une collection de 30,000 volumes au moins, dont plusieurs fort beaux et fort rares, et nombreuse surtont en ouvrages de théologie, d'histoire et de littérature. Le premier fonds a été la bibliothèque très riche de l'Evêché, formée par M. de Thémines, évêque de Blois au moment de la Révolution, et celles des autres établissements religieux supprimés alors. Depuis, le dépôt s'accroît tous les jours, par les envois du ministère de l'instruction publique et les acquisitions de la ville. Je signalerai, parmi les manuscrits : les *Miracles de la Vierge*, de Gautier de Coinsy, poème du xiii⁰ siècle ; une *Relation*, très complète, des *Etats de Blois en 1576*, une suite de 3,000 pièces environ provenant de la collection du baron de Joursauvault, et ayant toutes trait à l'histoire du pays. La bibliothèque de Blois a eu l'honneur d'avoir pendant quelque temps pour conservateur Augustin Thierry.

Je renonce à vous guider dans le dédale de rues tortueuses, montantes et souvent malaisées, qui s'étend derrière l'Hôtel de Ville jusqu'au coteau que couronne la Cathédrale, mais je ne saurais trop vous conseiller de vous y égarer. Ce ne serait pas le cas de dire : *lasciate ogni speranza ;* vous y ferez, au contraire, à chaque instant de ces rencontres si chères aux artistes et aux curieux, de vieilles maisons du xv⁰ siècle, de charmants logis de la Renaissance comme les hôtels d'Aumale, Sardini, Belot.

Tout en cheminant et en admirant vous êtes monté à la CATHÉDRALE. Jusqu'au xviii⁰ siècle, elle s'appelait Sainte-Solenne ; on la débaptisa alors pour la nommer Saint-Louis, hommage indirect à l'adresse du Roi Soleil.

Le monument n'a guère d'autre mérite que sa situation et son titre de Cathédrale, qui encore ne remonte qu'à 1697. Il date de la mauvaise époque de la Renaissance, l'époque néo-gothique, et n'a été terminé qu'au xviie siècle, grâce à l'influence de Colbert, qui s'y était marié.

L'Evêché, d'aspect froid et correct, comme il convient, a été bâti par Mansard, le neveu de l'architecte du château de Gaston. Une très belle terrasse en dépend, et ce serait, à coup sûr, la plus agréable promenade de Blois, si elle était absolument publique.

De la Cathédrale vous pouvez vous rendre, en tournant à droite, à la place de la République. Là, sont situés trois édifices qui ne se recommandent que par leur caractère d'utilité : le PALAIS DE JUSTICE, où l'on remarque (dans la salle des Assisses) un grand tableau de Robin, peintre blésois du siècle dernier, représentant *Saint-Louis sous le chêne de Vin-*

cennes, et qui était autrefois à la Cathédrale, l'HOTEL DE LA PRÉFECTURE qui dénonce si bien le style de 1830, et la HALLE AU BLÉ qui veut rappeler l'architecture du xive siècle.

En redescendant de la ville haute, il faut aller visiter, rue Porte Chartraine, ce qui reste de l'HOTEL DE DENIS DUPONT, célèbre avocat de Blois, et surtout l'HOTEL D'ALLUYE, rue Saint-Honoré. Ce monument, qui est maintenant la propriété d'une Société d'Assurances, fut construit à la fin du xve siècle par Florimond Robertet, baron d'Alluye, ministre de Louis XII. Il est tout à fait dans le style de la partie du château qui date du même temps, et la restauration de Duban lui a rendu presque toute sa première splendeur.

Ce qu'il y a de plus remarquable est une galerie à deux étages superposés et les médaillons en terre cuite des Césars, qu'on a attribués à l'art italien.

Nous voici revenus rue Denis Papin,

au pied de cet escalier, soi-disant monumental, surtout depuis qu'il a l'honneur de porter la STATUE DE DENIS PAPIN. C'est bien ici le lieu de dire quelques mots du plus illustre des enfants de Blois, qui est aussi l'une des grandes gloires de la France.

Denis Papin est né à Blois, d'une famille protestante, le 22 août 1647. Il fait ses premières études dans sa ville natale, et va étudier la médecine à l'Université d'Angers.

Reçu docteur, il se rend à Paris où il entre en relations avec d'illustres savants, Huygheus, Leibnitz, et prend part à leurs recherches et à leurs découvertes; puis il va à Londres où il invente son *Digesteur*, instrument destiné à faire subir aux aliments les opérations de l'estomac, et dont la soupape de sûreté, appliquée là pour la première fois, est le principe même de la machine à vapeur. Il revient dans son pays, mais la Révocation de l'Edit de Nantes le force à quitter la France, qu'il ne reverra plus, et va se réfugier en Allemagne, à Marbourg. Il s'y consacre à de nouvelles recherches, conçoit et construit lui-même le premier bateau à vapeur, qui est détruit avant qu'il ait pu le produire, comme il l'espérait, en Angleterre, et meurt enfin en 1714, misérable et privé de toutes ressources.

Depuis longtemps, le vrai mérite de Papin était reconnu et proclamé quand la ville de Blois, il y a trois ans seulement, a inauguré solennellement sa statue. L'œuvre est d'un sculpteur distingué, M. Aimé Millet; le grand inventeur est représenté la main appuyée sur son fameux digesteur, dans une attitude pensive et triste qui ne surprend plus quand on sait les détails de cette malheureuse existence. A la cérémonie d'inauguration, le 29 août 1880, M. de Lesseps, qui représentait l'Académie des Sciences, résuma les découvertes de Papin, et termina en citant ces quelques mots éloquents de M. de la Saussaye :

« En ce qui regarde le seul gouvernement de l'eau vaporisée, qu'ont fait les successeurs de Papin, les Savery, les Newcomen, les Watt, les Leupold, et tant d'autres? sinon d'agencer, de combiner, de modifier plus heureusement ce qu'il avait trouvé : la soupape de sûreté, le piston, le condenseur, l'épistome à quatre ouvertures, le double effet, la haute pression! Qui donc est l'inventeur, le vrai, le réel inventeur? La postérité a répondu : un Français, un Blésois, Denis Papin. »

Le Pont a été construit de 1717 à 1724. Au mois de février 1716, une violente crue de la Loire avait renversé l'ancien pont qui datait du xve siècle, et qui, comme la plupart des ponts du moyen-âge, était chargé de maisons et défendu par des tours.

Celui de Blois était, en outre, orné d'une croix monumentale et d'une chapelle dédiée à Saint-Fiacre. Gabriel, l'architecte du roi, fut chargé de la reconstruction, et son œuvre a passé, pendant tout le xviiie siècle, pour le modèle de monuments semblables; c'est pour cette raison que le devis très détaillé des travaux a été donné en entier dans le *Traité de la Police* de Delamare : la longueur du pont sera de 145 toises, 2 pieds ; les matériaux proviendront des carrières de la côte de Menars et des environs de Blois ; des bornes seront placées le long des murs de parapet, à 9 pieds l'une de l'autre ; une pyramide supportant une croix sera élevée sur l'arche du milieu, et les armes du roi sculptées sur les deux faces de la même arche, etc. Les Blésois avaient beaucoup tenu à cette pyramide qui leur rappelait la croix du pont renversé, mais qui, à notre avis, dépare plutôt le monument qu'elle ne l'embellit. Il n'en est pas de même des écussons aux armes de France, très mal placés, malheureusement, pour qu'il soit facile de les admirer ; ils sont dus à Coustou, l'un des meilleurs sculpteurs de l'époque.

En 1793, on l'a vu au commencement, l'insurrection vendéenne s'approcha assez de Blois pour que l'administration révolutionnaire crût devoir faire sauter deux arches du pont. On a beaucoup blâmé cette mesure, et une inscription placée sur la pyramide pour consacrer la restauration du pont en 1806 la qualifie « d'ordres imprudents ». Il est certain que la décision fut un peu hâtive et que le danger n'était pas tout à fait imminent; mais il faut reconnaître qu'il y avait de la part des Blésois un certain courage à sacrifier leur pont et à se refuser ainsi tout espoir de retraite, pour empêcher la marche des insurgés au-delà de la Loire.

Au mois de décembre 1870, nouveau sacrifice d'une arche; c'est de la rive gauche, cette fois, que venait l'ennemi, déjà campé dans le faubourg de Vienne; mais quelques obus vinrent à bout de la courageuse résistance de la ville, et il fallut bien qu'elle laissât établir un pont de bateaux pour livrer passage à l'armée allemande.

L'EGLISE SAINT-SATURNIN, dans le faubourg de Vienne, date en grande partie de la Renaissance; l'extérieur surtout est décoré de fort jolies sculptures, presque aussi délicates que celles du grand escalier du château. Dans le bas côté de gauche, est un tableau de Jean Mosnier, artiste blésois du xviie siècle; il représente les habitants de Vienne remerciant Dieu de les avoir préservés de l'inondation de 1716.

En face du portail principal de l'église, vous remarquez une grande porte ogivale de la fin du xve siècle; elle donnait, avant d'être murée, accès à un vaste emplacement qui dépend maintenant de l'Hôpital Général, et qu'il ne faut pas manquer d'aller visiter. Il y a quelques années seulement qu'on a reconnu là un cimetière du xvie siècle, comme il en existe deux ou trois à peine en France.

Le terrain du cimetière proprement dit est entouré de galeries semblables à celles d'un cloître, et qui étaient les charniers; on y distingue encore des traces de peintures religieuses et de scènes funèbres, empruntées à la Danse Macabre.

C'est de ce quai de Vienne que Blois se montre le mieux, qu'elle étale aux yeux toutes ses parures, comme le dit gracieusement M. de la Saussaye; il est peu de villes présentant une situation aussi riante et aussi pittoresque.

Je veux, avant de parler des châteaux des environs, dire encore quelques mots des promenades, que les touristes peuvent faire dans la ville même. Le MAIL, qui commence à l'Hôtel-de-Ville, était autrefois orné de séculaires platanes dont quelques-uns seulement ont survécu ; c'est là, dans toute sa longueur, que se tient la grande foire de Blois, au mois d'Août. Je lui préfère de beaucoup les BOULEVARDS DE L'EST et de l'OUEST, qui se font pendant aux deux extrémités de la ville, et dont les gracieuses courbes offrent de si charmants points de vue sur la ville et la Loire.

Le boulevard de l'Ouest, surtout, est une ravissante promenade, et je la recommande d'autant plus qu'elle est toute voisine de la BUTTE DES CAPUCINS, du sommet de laquelle la vue est plus belle encore. On n'a pas encore expliqué l'origine de ce curieux monticule : est-ce un gigantesque *tumulus* gaulois, ou un poste d'observation et de signaux? Ne serait-ce pas peut-être une *motte* comme en avaient les châteaux forts du xie siècle? Les archéologues ne se sont pas mis d'accord là-dessus ; mais la meilleure gloire de la Butte des Capucins est d'avoir inspiré à Victor Hugo d'admirables vers des *Feuilles d'Automne*, et, comme le poëte, l'on regarde au bas du coteau avec un pieux respect

> Cette maison
> Qu'on voit bâtie en pierre et d'ardoises couverte,
> Et qui, fermée à peine aux regards étrangers,
> S'épanouit, charmante, entre les deux vergers.
> C'est là, — regardez bien ; c'est le toit de mon
> [père ;
> C'est ici qu'il s'en vint dormir après la guerre,
> Celui que tant de fois mes vers vous ont nommé,
> Que vous n'avez pas vu, qui vous aurait aimé.

CHATEAUX DES ENVIRONS

CHAMBORD. (1)

 14 kilomètres de Blois, dans la triste Sologne, au cœur d'une grande forêt, s'élève Chambord. Il est difficile d'expliquer par quelle fantaisie François Ier a tenu à cacher au milieu d'un désert la merveille d'architecture qu'il rêvait. Pour dérober

(1) Il n'est guère d'autre moyen d'aller à Chambord que par une voiture de louage prise à Blois ; j'indiquerai cependant aux marcheurs infatigables un itinéraire qui consisterait à prendre le chemin de fer jusqu'à Suèvres (2e station sur la ligne de Blois à Orléans), y traverser la Loire en bac, et arriver à Chambord par Saint-Dié. La distance est d'environ 6 kilomètres par trajet.

aux indiscrets une intrigue galante, pour abriter un rendez-vous de chasse, tant de luxe était plus qu'inutile; et puis, quand on aime la chasse, ou une belle dame, fût-on roi comme l'était François Ier, on n'attend pas patiemment pendant douze ans l'achèvement d'un palais où travaillent dix-huit cents ouvriers; c'est précisément parce que Chambord, par sa situation, ne pouvait ressembler à aucun autre château, que le roi voulut en faire aussi une résidence exceptionnellement et follement somptueuse.

Dès le XIIe siècle, d'ailleurs, il y avait là un château féodal sur lequel on a quelques renseignements; ce château était encore debout à l'époque de Louis XII; s'il faut accuser quelqu'un de bizarrerie, ce seraient alors les premiers comtes de Blois : François Ier n'a fait que les imiter et restaurer leur œuvre.

On n'a pas, pour connaître le nom de l'architecte de Chambord, les mêmes incertitudes que lorsqu'il s'est agi du château de Blois : Félibien, Bernier, au XVIIe siècle, affirment avoir vu, dans une maison de Blois, des modèles de Chambord faits en menuiserie, représentant « un grand bâtiment carré aux quatre coins et quatre principaux appartements, séparez par l'escalier et par trois grandes salles qui, avec la place de l'escalier font une croix. » Plus récemment, des documents ont été mis au jour qui nous font connaître un « Pierre Nepveu, dit Trinqueau, maistre de l'œuvre de maçonnerie du bastiment du chastel de Chambord » en 1536, et un Jacques Coqueau ou Coquereau construisant en 1544 l'escalier à jour de l'une des ailes. Les archéologues les plus compétents n'ont pas hésité à voir là le nom de deux architectes chargés de la construction de Chambord, et nous n'avons aucune raison pour ne pas les croire.

Ce que l'on admire le plus à Chambord est le grand escalier, bâti en double révolution de telle manière que deux personnes peuvent monter et descendre en même temps sans se rencontrer. Il y a là un tour de force de construction que l'œil ne réussit pas à comprendre, mais je dois constater pour être exact que l'architecte de Chambord n'a pas eu dans ce cas le mérite de l'invention.

Je ne crois pas qu'on ait encore relevé à propos de l'escalier de Chambord la mention de deux escaliers semblables dans la *Description de Paris au* xve *siècle* de Guillebert de Metz. Ils étaient l'un au Petit Châtelet, et l'autre à l'église des Bernardins et l'auteur les décrit ainsi : « y est une vis merveilleuse où il a doubles degrez, que ceuls qui montent ou descendent par l'un des degrés, ne savent riens des autres qui vont par les autres degrés. »

Bien des souvenirs historiques, bien des légendes aussi se rattachent au château que nous visitons. Est-il bien vrai que François Ier ait tracé avec le diamant de sa bague, sur la vitre de ce cabinet, le fameux distique

> Souvent femme varie.
> Mal habil qui s'y fie.

Brantôme déclare avoir lu simplement : *Toute femme varie*; mais Bernier affirme que la *rime* y est « dans un cabinet joignant la chapelle ».

Lequel croire?

Le pudique Louis XIII a-t-il réellement pris une pincette à cette cheminée pour aller chercher un billet, d'autres disent un volant, parmi les dentelles de la gorgerette d'une demoiselle d'honneur? M. de la Saussaye tient pour le fait, narré par Tallemant des Réaux; M. Loiseleur prouve que la demoiselle en question n'avait que dix ans lorsque Louis XIII vint pour la dernière fois à Chambord, soit en 1626. Edouard Fournier, de son côté, raconte que l'anecdote fut produite en chaire par un prédicateur et qu'elle y eut le succès qu'elle méritait; un gentilhomme s'écria même assez irrévérencieusement : « Il aurait mieux fait de ne pas me mettre à la taxe ».

Les annales de Chambord peuvent heureusement produire des faits d'une authenticité moins douteuse; c'est dans l'une des grandes salles du donjon, partagées en quatre compartiments par le fameux escalier, qu'eut lieu, en septembre 1669, la première représentation de *Monsieur de Pourceaugnac*, devant le roi et toute la cour. Peut-être même la pièce fut-elle faite à Chambord ; mais on n'a pas assez de preuves pour l'affirmer, et c'est assez qu'elle y ait été jouée. Molière y était, bien entendu, mais il paraît qu'une indisposition l'empêcha de créer le rôle de Pourceaugnac, où il eut depuis tant de succès. Castil-Blaze, cité par M. de la Saussaye, raconte que Lulli, le célèbre Lulli, qui le remplaçait au pied levé, eut toutes les peines du monde à dérider Louis XIV, et qu'il n'y réussit qu'au moment où, serré de près par les terribles apothicaires, il sauta dans le clavecin qui était là pour accompagner ses chœurs, et y disparut. Si l'anecdote n'est pas vraie, on sait du moins qu'actuellement au théâtre, les apothicaires poursuivent Pourceaugnac au milieu des musiciens de l'orchestre et reparaissent à sa suite par le trou du souffleur.

Un an après, au mois d'octobre 1670, Louis XIV revenait à Chambord avec ses comédiens ordinaires, et assistait à la *première* du *Bourgeois Gentilhomme*. Cette fois encore les chroniqueurs nous disent que le roi était morose et qu'il ne se décida à féliciter Molière qu'après la seconde représentation.

Au xviiie siècle, le château fut successivement habité par Stanislas Leczinski, le malheureux beau-père de Louis XV, et par le maréchal de Saxe, qui en fit le théâtre de ses exploits, infiniment moins glorieux que ceux des champs de bataille, et où il n'eut à lutter que contre l'énergie de Madame Favart.

La Révolution fit de Chambord un domaine national, mais ne trouva pas d'acquéreur. En 1809, Napoléon Ier le donna à Berthier, en l'érigeant en principauté de Wagram et en y affectant une dotation de 500,000 francs de rente. Le gouvernement de la Restauration aurait pu, à son tour, mettre la main sur cette étrange principauté; il se contenta de supprimer la dotation, mais autorisa la veuve de Berthier à mettre en vente son domaine. Il est plus que probable que personne ne se serait présenté et que Chambord serait encore aujourd'hui sans maitre, si une souscription organisée dans toute la France avec un enthousiasme surprenant n'avait permis de l'offrir au duc de Bordeaux, âgé alors de moins d'un an. L'adjudication fut faite au prix de 1,542,000 francs, et la remise effectuée le 5 mars 1821. Depuis cette époque, Chambord est entre les mains du prétendant de la légitimité, auquel il a donné son nom; mais on peut craindre que ce ne soit pas assez pour assurer sa conservation; la fortune d'un particulier sera toujours insuffisante à entretenir un tel monument, et, si le dilemme se pose entre la ruine du possesseur et la ruine de l'édifice, la solution ne laisse malheureusement guère de doutes.

Le château de Chambord est entouré d'un très beau parc entièrement clos de murs; leur circonférence est, paraît-il, d'environ huit lieues, c'est-à-dire que le domaine a la même étendue que la ville de Paris. La rivière qui le traverse est le Cosson, affluent de la Loire. M. Loiseleur a retrouvé une pièce curieuse témoignant que François Ier avait songé à dériver le cours de la Loire pour la faire passer à Chambord. Le devis fut dressé par un ingénieur italien, Pierre Cossé, et présenté au roi en 1529; il est facile de s'expliquer qu'un projet si colossal n'ait pas eu de suites.

CHEVERNY. — BEAUREGARD

On visite ordinairement ces deux châteaux le même jour que Chambord; ils sont fort intéressants d'ailleurs, et ne donnent pas lieu de regretter le court voyage dont ils sont le but.

Cheverny date de Louis XIII; son architecture le dit assez et il n'est pas besoin de lire la date 1634, que porte l'escalier pour s'en persuader. « Un nommé Boyer, de Blois, en fut l'architecte », nous dit Félibien, l'historiographe des Maisons Royales; il faut bien le croire, à défaut d'autre témoignage plus précis et plus instructif. Cheverny a été possédé au xvie siècle par la famille blésoise des Hurault qui occupèrent à la Cour des rois de France d'importantes fonctions. Quelques années avant la Révolution, son propriétaire était le comte de Dufort, qui avait été introducteur des ambassadeurs sous Louis XV et Louis XVI, et qui a écrit d'intéressants *Mémoires* conservés parmi les manuscrits de la bibliothèque de Blois.

L'intérêt de ce château consiste surtout dans les peintures très nombreuses qui le décorent; elles sont dues pour la plupart à ce même Jean Mosnier dont nous avons déjà trouvé une œuvre à l'église de Vienne; il faut remarquer surtout une suite très curieuse des aventures de Don Quichotte.

BEAUREGARD

Beauregard est le voisin de Cheverny; c'est aussi son rival. La chronique ne nous l'a pas dit, mais nous nous figurons volontiers que les Hurault de Cheverny, que les Ardier de Beauregard devaient surveiller d'un œil quelque peu jaloux leurs embellissements réciproques et rêver de faire mieux. Plût aux Dieux que les rivalités entre propriétaires n'aient jamais eu de pires résultats ! Cheverny avait une galerie de tableaux et Mosnier y était en grand honneur. Beauregard eut aussi sa galerie et ses Mosnier ; peut-être même faut-il reconnaître que la victoire lui est restée dans cette lutte artistique.

Le grand intérêt de la galerie de Beauregard est qu'elle comprend une suite de 363 portraits de personnages célèbres ; il y a là, au point de vue iconographique, et, — en dehors de la valeur même de la collection, — une source abondante de renseignements précieux, souvent unique, et bien des historiens y sont venus puiser.

C'est, en somme, le vrai mérite de Beauregard; la construction qui est en grande partie du xviie siècle, ne me paraît pas tout à fait justifier ce qu'en dit Bernier : « Il y a je ne sçay quoy de singulier et de grand dans cette maison qui a obligé les gens du païs Blésois à la surnommer Beauregard-le-Royal », — et je crois démêler un peu de flatterie dans cet enthousiasme.

CHAUMONT (1).

J'AI entendu souvent des gens de goût qui, après avoir visité les châteaux de Blois et de Chambord, n'hésitaient pas à proclamer toutes leurs préférences pour Chaumont.

La raison en est peut-être qu'en ces matières, chacun juge d'une façon toute personnelle, avec ses habitudes d'esprit et souvent aussi de profession. Un architecte ne saurait se dispenser d'admirer Chambord; Blois plaît aux artistes et aux archéologues, mais Chaumont séduit

(1) Station d'Onzain, sur la ligne de Blois à Tours.

tout le monde; on sent qu'on y vivrait heureux; c'est le *hoc erat in votis* qu'on voudrait réaliser, et l'on en revient avec cette impression qui n'est pas celle produite par le monument lui-même.

Quelles surprises nous ménagent les archéologues ! Chaumont, c'est le *calvus mons,* le mont chauve; on ne le croirait guère maintenant quand on parcourt ces sentiers ombreux.

Dès le x⁰ siècle, une imposante forteresse dominait cette colline désolée, et pendant tout le moyen-âge les comtes de Blois guerroyèrent pour s'en assurer la possession ou la conservation. Déjà détruite et reconstruite, elle fut impitoyablement rasée par ordre royal en 1465 ; c'est ainsi que Louis XI punissait le seigneur de Chaumont, Pierre d'Amboise, d'avoir pris une part trop active à la Ligue du Bien Public.

Il est vrai qu'aussitôt après il en autorisa la reconstruction, et y aida même par d'importants subsides, mais Pierre d'Amboise n'en eut pas le mérite; c'est à son fils, Charles d'Amboise que nous devons le château, tel qu'il est aujourd'hui.

Bien que datant de la fin du xv⁰ siècle et, par suite, de la Renaissance, Chaumont appartient encore à l'architecture militaire du moyen-âge ; le pont-levis qui précède les deux tours de sa poterne, la galerie couverte du haut, avec ses créneaux et ses mâchicoulis, sont là pour prouver qu'il pouvait résister à un siège comme au temps où les comtes d'Anjou venaient ravager le pays, mais je ne crois pas qu'une arquebuse ait jamais été braquée à l'une de ses meurtrières.

Catherine de Médicis ne songea qu'à y étudier les astres, et Diane de Poitiers, auquel elle le donna en échange de Chenonceaux, n'y vint peut-être pas une fois.

Au xviii⁰ siècle, ce château, qui avait abrité des rois et des reines, faillit devenir une usine ; son propriétaire, M. le Ray, y avait installé une fabrique de poteries, mais on l'oublie volontiers pour ne se rappeler que ces délicieux médaillons en terre cuite, si finement, si délicatement ouvrés par Jean-Baptiste Nini.

Depuis, tous les propriétaires de Chaumont n'ont eu qu'un souci : le restaurer, le meubler avec tout le luxe du temps de sa splendeur. Ils y ont parfaitement réussi, mais le vrai charme du château est encore celui de sa situation et de l'admirable point de vue qu'elle procure.

MENARS (1).

Le château de Menars représente dans notre région le xviiie siècle. La construction en a été entreprise par la marquise de Pompadour, et terminée par son frère, le duc de Marigny.

Avant eux, la seigneurerie était possédée par la famille blésoise des Charron, dont l'héritière fit la fortune en épousant

(1) A 9 kilomètres de Blois. Première station du chemin de fer de Blois à Orléans.

Colbert. Grâce à son beau-frère, Jean-Jacques Charron se vit tour à tour gouverneur du château de Blois, intendant de la généralité d'Orléans, de celle de Paris, et enfin président du Parlement de Paris. Le président de Menars, — c'est ainsi qu'on l'appelait, — est resté bien connu des historiens, et aussi des bibliophiles, car il possédait une fort riche bibliothèque. Son nom appartient même à l'histoire parisienne; il a été donné à une rue voisine de la rue de Richelieu.

C'est en 1760 que Madame de Pompadour acheta la terre de Menars et ses nombreuses dépendances; elle était trop occupée à Versailles pour avoir pu y venir souvent; elle y vint cependant, et à un de ses voyages est attaché le souvenir d'une anecdote qui trouve ici naturellement sa place.

Le seul chemin carrossable d'Orléans à Menars était alors sur la rive gauche de la Loire, par Fleury et Saint-Dyé; il fallait ensuite passer le fleuve en bac ou venir jusqu'à Blois. Or, un jour que la marquise traversait le pont d'Orléans, nouvellement reconstruit, quelqu'un qui se trouvait là proclama, assez haut pour qu'elle l'entendît, que le pont était désormais suffisamment à l'épreuve, et qu'il venait de supporter le plus lourd fardeau de la France. Le mot est trop dans l'esprit satirique du temps pour n'avoir pas été dit ; que Madame de Pompadour l'ait entendu là ou ailleurs, il est certain du moins qu'elle fit faire la route actuelle de la rive droite, qui passe devant le château, et qui n'a été qu'après sa mort prolongée jusqu'à Blois.

Avec M. de Marigny, Menars connut de beaux jours ; le frère de la favorite, se connaissait en œuvres artistiques, et il en remplit son château et son parc. D'ailleurs, il était surintendant général des beaux-arts, et peut-être achetait-il moins qu'il n'empruntait aux collections de la couronne. C'est ce que crut l'Etat, ces temps derniers, en réclamant comme son bien un certain nombre de magnifiques statues qui, depuis un siècle, avaient été transmises avec la propriété aux différents acquéreurs de Menars. Mais, il n'y avait que des présomptions, et en l'absence de preuves décisives, que peut-être on aurait pu trouver, le tribunal de Blois ne put accueillir la revendication du ministère. La vente a eu lieu en 1881 et a produit 400,000 francs environ. Malheureusement ces chefs-d'œuvre se sont dispersés au profit de diverses collections : l'*Abondance*, d'Adam l'aîné; l'*Aurore*, de Vinache; *Zéphyre, Flore et l'Amour* de Rousseau, ont été enlevées à prix d'or; le propriétaire actuel, M. Watel, a retenu deux vases de Pigalle et Verbreck, et quelques bustes d'empereurs romains, qui sont restés là pour faire regretter les absents.

BURY ET LA VALLÉE DE LA CISSE

Jusqu'ici nous n'avons guère quitté les bords de la Loire; il est vrai qu'ils ont de quoi captiver les voyageurs, mais ils ne sont pas les seuls. A défaut de vastes horizons et de royales demeures, la Cisse vous offre les jolis points de vue de ses coteaux et les ombrages de sa vallée ; c'est une autre Voulzie, et elle serait digne d'avoir, elle aussi, son Hégésippe Moreau.

Pour s'y rendre, la route est charmante, car elle traverse la forêt de Blois dans toute sa largeur. Ne manquez pas d'aller saluer en passant le roi de la forêt, ce chêne deux fois centenaire qui, dit-on, a eu l'honneur de connaître Louis XIV ; vous pourrez sous son ombre, philosopher à l'aise, à propos de ces deux royautés, contemporaines l'une de l'autre, sur la tête desquelles tant d'orages ont passé.

Il ne reste plus que des ruines du château de Bury construit au xvie siècle par Florimond Robertet ; mais rien n'est plus pittoresque que ces murailles, que ces tours éventrées, envahies par une végétation grimpante et inculte. Elles ont aussi quelque chose de grandiose et il faut bien que ce soit, puisque la légende s'y est établie.

C'est là le rendez-vous de chasse du comte Thibaut le Tricheur; la nuit, quand l'orage gronde au-dessus de la rivière, on l'entend venir à travers les airs, au milieu d'un grand vacarme de cors et d'abois.

D'autres fois, Bury est hanté par une apparition gracieuse, une dame blanche, qui vient errer au milieu des ruines. Est-ce la gardienne d'un trésor ? ou plutôt ne viendrait-elle pas attendre son amoureux ? Je crois qu'elle doit être souvent rencontrée par les jeunes gars des villages voisins, mais je ne sais trop si elle leur fait bien peur.

D'ailleurs, les rives de la Cisse sont la patrie des légendes. A un kilomètre de Bury, vous rencontrez la célèbre fontaine d'Orchaise. Une chaise d'or est au fond, c'est indubitable, et vous auriez pu, nouveau Jason, vous lancer à sa conquête; mais, depuis quelques années, le propriétaire a fait murer son bien ; il serait horrible de penser qu'un imprudent s'y était engagé avant l'opération et a pu y être enfermé pour toujours.

Si vous revenez à Blois par Coulanges, comme je vous le conseille, vous irez visiter ce qui reste de l'abbaye de la Guiche. Elle avait été bâtie, vers 1277, par un comte de Blois, Jean de Châtillon, à un endroit où la Vierge s'était subitement révélée à des paysans. Encore une légende, comme on voit. L'abbaye resta florissante jusqu'à la Révolution. Vendue alors comme bien national, elle devint une propriété particulière et a été en grande partie détruite, mais on a respecté une grande salle voûtée datant du XIIIe siècle, et les tombeaux de ses fondateurs.

Ici doit se borner notre travail. Nous l'avons limité aux environs immédiats de Blois, considéré comme quartier-général des touristes, mais la région offre bien d'autres excursions à faire, bien d'autres monuments à visiter : les rives du Cher avec Chenonceaux, Montrichard et Saint-Aignan, le château du Moulin, au cœur de la Sologne; et, dans le Vendômois, la ville même de Vendôme, Lavardin, Saint-Agil, la Poissonnière, où naquit Ronsard, et tant d'autres. Ce serait la matière d'un volume spécial que nous ne désespérons pas de faire un jour.

TABLE DES MATIÈRES

BLOIS.

Armoiries de la ville.	10
Bibliothèque.	46
Boulevards de l'Est et de l'Ouest.	56
Butte des Capucins.	56
Château.	15
Collège Augustin-Thierry.	43
Denis Papin (statue de).	50
Description générale.	11
Églises — Cathédrale.	47
Églises — Saint-Laumer.	39
Églises — Sauveur.	39
Églises — Saturnin.	54
Évêché.	48
Fontaine Louis XII.	44
Halle au blé.	49
Histoire de Blois.	5
Hôpital-Général.	55

Hôtels	d'Alluye.	49
	d'Amboise.	39
	d'Aumale.	
	Belot, Sardini.	47

Hôtel-de-Ville. 46
Hôtel-Dieu. 42
Mail. 56
Musée. 38
Palais de Justice. 48
Pont. 52
Préfecture. 49
Statistique. 12
Terrasse de l'Évêché. 48
Théâtre. 45
Vienne (faubourg de). 12, 54

ENVIRONS.

Beauregard. 68
Bury. 76
Chambord. 59
Chaumont. 70
Cheverny. 67
Cisse (vallée de la). 76
Guiche (abbaye de la). 78
Menars. . . . . . , , . / 73
Orchaise. , , ... , ... 78

Achevé d'imprimer par R. MARCHAND
25 Août 1883.

www.ingramcontent.com/pod-product-compliance
Lightning Source LLC
LaVergne TN
LVHW020944090426
835512LV00009B/1707